IVGEMENT

ET

CENSVRE

DES

TROIS LIBELLES INTI-
tulez, la Replique, le Donjon,
& le Retorquement du fou-
dre de Iupinet, faits par
l'Hypocrite à la fausse
barbe.

Iudas auoit obtenu portion à l'administration des Apostres.
Act. Chap. I. Vers. 18.

A PARIS.

M. DC. XLIX.

IVGEMENT ET CENSVRE

de trois Libelles, intitulez la Replique, le Donjon, & le Retorquement du foudre de Iupinet, faits par l'Hypocrite à la fauffe barbe.

Iudas auois obtenu portion à l'adminiftration des Apoftres. Act. Chap. 1. Verf. 18.

LA Pedenterie eft vn vice fi funefte à celuy qui en eft taché, qu'vn Pedant comme eft noftre hypocrite à la barbe de Iudas, ne fçauroit eftre qu'vn animal confacré à fa vaine gloire. Cefte image de Principauté & d'Empire qu'il fe figure auoir fur tous les Monarques de l'Vniuers, occupe fi fort fon efprit, que la connoiffance de foy-mefme luy eft inconnuë. Il pretend par fes contes facetieux, par fes pedenteries, & par fon hypocrifie, fe rendre formidable à fes Cenfeurs, & mettre fes aduerfaires en fuite. L'humeur medifante predomine tellement en fa perfonne, que nul n'eft exempt de fes reuers, de quelque qualité, ou de quelque condition qu'il puiffe estre. Il croit qu'il n'est point d'autre science, ny d'autre perfection, que celles qu'il s'imagine auoir dans son esprit, & qu'il se figure à sa mode.

La supreme verité a beau luy dire, *Nolite iudicare*, il ne laisse pas de passer outre, & de faire le procez aux Roys, aux Empereurs, & mesme aux Princes de l'Eglise, aussi bien qu'aux moindres de la terre. La Congregation des fidelles, fait bien vne generale declaration de plusieurs Saints, & de plusieurs Martyrs, qui se sont aquis par leurs nobles trauaux, vne beatitude eternelle: mais il ne se trouuera pas iamais qu'elle ait dit particulierement vn tel est ou sera damné, comme fait nostre illustre hypocrite.

D'où vient donc qu'il se porte auec tant de liberté à iuger pour iamais du salut d'vn homme dont la vie luy est inconnuë, sans crainte d'estre iugé de la mesme sorte qu'il iuge les autres? Cela part asseurement de l'humeur qui le possede à s'estimer, & plus homme de bien & plus versé en toute sorte de sciences, que qui que ce puisse estre. De son seul suffrage il se met dans le throsnes des iugemens humains, afin de distribuer d'authorité absoluë, le bien ou le mal, la loüange ou le blasme, la recompense ou la peine à qui bon luy semble. Enfin de crainte qu'on ne le mette au rang des morts, il aime mieux parler de luy en blasphemement contre Dieu & contre

tre ſes oints ſacrez, que de demeurer ſans rien
faire.

L'illuſtre Grammairien de Samothrace, s'e-
ſtoit contanté de controller ſes eſcrits : mais noſtre hypocrite à la fauſſe barbe, ne ſe contante
pas de faire comme luy, ny meſme de deſchirer
la vie & l'honneur de ceux qui l'ont repris auec
tant de iuſtice : Il paſſe bien plus outre, & il tran-
che tellement du Dieu, qu'il loge leur ame apres
leur mort par tout où bon luy ſemble. Et ſi pourtant il n'eſt pas vn homme de ſa profeſſion qui
ſoit plus bas, plus populaire, plus ſeditieux, plus
ennemy des Roys, & qui viue dans vne plus pro-
fonde ignorance.

C'eſt eſtre bien butor, pour me ſeruir de ſes
propres termes, que de ne ſe pas connoiſtre ſoy
meſmes. S'il iugeoit de ſon inſuffiſance, il ne s'e-
manciperoit pas comme il fait, de tenter au de-
là de ſes forces. Son ſtyle eſt plus propre à faire
le Rabelais reformé, qu'à traiter des matieres ſi
épineuſes. Il eſt de certains peintres qui ne ſont
propres qu'à faire des groteſques monſtrueux
& fantaſtiques, dont le ſeul regard peut faire rire les ſpectateurs, comme fait noſtre nouueau
Philoſophe à la fauſſe barbe. Il fera bien vn Sa-
tyre contre les perſonnes ſacrée des Roys, des
Regens, des Magiſtrats, & meſmes des plus dignes chefs de l'Egliſe Catholique Apoſtolique
& Romaine, auec vn ſtyle de bouffon & de cro-

cheteur: mais s'il luy faut traiter à fonds & se-
rieusement des questions importantes, c'est où
il est bien empesché, & c'est à quoy toute sa suffisance ne sçauroit atteindre. Sa pedenterie, son
humeur bouffonne, sa medisance, & son hypo-
crisie, sont toufiours de la partie, lors qu'il veut
faire quelque chose, pour l'exposer à la risée pu-
blique.

Quelle ignorance n'est-ce pas d'auoüer en sa
premiere replique, que les Roys sont les images
de la puissance de Dieu en terre, & puis le nier
en suitte, soustenant que les sujet cessont d'estre
sujets, quand le Roy abuse du pouuoir que Dieu
luy donne. C'est dire que la puissance du Sou-
uerain eternel diminuë, quand celuy qui tient sa
place ne l'exerce pas auec iustice. Si l'authorité
de cét estre infiny est d'vne nature à ne pas souf-
frir de diminution, ny mesme alteration quelconque, les sujets ne sçauroient pas cesser d'e-
stre sujets, puis que leur soumission est inuiola-
ble.

Si le Prince abuse du pouuoir qu'il tient de sa
toute puissance, vous deuez considerer qu'il est
Lieutenant de Dieu, comme vous auez fort bien
aduoüé, & qu'en cette qualité les peuples n'ont
aucun pouuoir sur sa personne. C'est au chef à le
punir de ses deportemens, sitant est qu'il en fas-
se. Si par exemple vn Gouuerneur de Prouince,
estoit accusé de peculat par ceux du pays, ils se-

roient contraints de se venir plaindre au Roy pour luy en demander iustice, ie ne croy pas qu'ils se voulussent émanciper de se la faire eux mesmes, si cela estoit le Prince auroit droit de les punir auec vne seuerité bien grande.

Où auez vous iamais veu qu'vn mesme homme puisse estre & iuge & partie tout ensemble. Il en est ainsi du Prince & du peuple ; quand les Souuerains ne traitent pas leurs sujets, selon l'intention de celuy qui les à placez dans leur throsne, il s'en faut plaindre à luy, & se mettre en Estat qu'il souhaitte que nous soyons, pour l'obliger à nous faire iustice. Ce Seigneur ne manquera pas alors de nous assister, & de faire des miracles en faueur du peuple : Car de s'imaginer que les sujets cessent d'estre subjets, quand le Roy abuse du pouuoir que Dieu luy donne est vn blaspheme tres abominable.

Et puis n'est-ce pas estre criminel de leze-maiesté diuine & humaine, de dire en suitte, que cela est aussi veritable que la sainte Escriture ? Comme si les sentimens d'vn homme particulier, pouuoient aller du pair auec les decrets d'vn esprit éternel & infaillible.

C'est estre bien meschant iusques à la rage, de ne pas aduoüer la reuerence que l'on doit aux Roys, puis que Dauid luy mesme, tout oint qu'il estoit, les honnoroit auec des soumissions extraordinaires, en la personne d'vn Saül re-

prouué de Dieu & des hommes. Et c'eſt eſtr
encore bien ignorant de ne ſçauoir pas ſeule
ment parler ſa langue maternelle, & ſe vouloi
entremettre de diſcourir des affaires d'Eſtat, &
des matieres de Theologie.

S'il eſt tres-iuſtement deffendu aux Comme-
diens & aux Bateleurs, de ſe veſtir de l'habit de
Religieux; il eſt encore plus iuſtement deffendu aux Bouffons de ſe veſtir de l'habit de Preſtre. Ha! que cela eſt de bonne grace, de voir vn
Eccleſiaſtique, ne reſpondre iamais qu'auec des
mots de gueule, & faire parade de ſa mediſance. Ce ſont la les armes dont noſtre Apoſtat ſe
ſert pour combattre l'authorité des Roys, &
pour faire valoir ſon abominable doctrine.

Les iniures & les railleries ſont plus propres
à irriter vn aduerſaire, qu'à le perſuader, ny
qu'à l'inſtruire. Il n'y a rien qui offence tant vn
homme de cœur, ny vn homme qui a tant ſoit
peu l'honneur en recommendation, qu'vne façon de parler outrageuſe. Pour perſuader l'eſprit de ſon lecteur, il faut gaigner ſa bien-vüeil-
lance & l'aſſeurer de la ſienne.

Noſtre hypocrite à la fauſſe barbe n'en fait pas
de meſmes: au contraire il ne fait à l'abord qu'vn
ſalué d'iniures, & ſi il veut apres cela, que l'on
croye, que c'eſt par charité, ce qu'il en fait, &
que c'eſt au nom de Ieſus & de Marie qu'il dit
vniuerſellement mal de tous, & qu'il nous parle auec tant d'infamie.

On

On dit qu'il y à certaines herbes qui viennent mieux quand on les plante en les maudiſſant. Il n'en eſt pas ainſi de celles dont parle ſaint Paul, quand il dit, *Apollo rigauit. Deus incrementum dedit.* Auſſi eſtoit ce vn Soleil, qui par ſes diuines influences, eſchaufoit & fortifioit ces ſauuageons du Paganiſme, pour les eſleuer dans la grace : mais noſtre miſerable Captieux à la fauſſe barbe, au lieu de les attirer doucement au giron de l'Egliſe, il les rebute & les endurcit par les traits de ſa mediſance.

Que ſi vne Religieuſe Payenne diſoit autre-fois, qu'elle eſtoit faite pour benir & non pas pour maudire, à plus forte raiſon que ne doit pas faire vn homme qui ſe vante d'auoir vne couronne, de laquelle toutes les autres releuent.

Oratio vultus animi eſt, dit fort bien le Philoſophe Seneque. La façon de parler & le ſtyle dont on ſe ſert pour exprimer ſes conceptions, eſt le viſage de l'ame. C'eſt par le diſcours & par noſtre forme de parler ordinaire, que l'homme fait voir ce qu'il eſt, & ce qu'il peut eſtre.

Vn Capitaine à des mots hardis & courageux, vn Philoſophe les à graues & majeſtueux, vn amoureux les à laſcifs & languiſſans, & vn bouffon comme noſtre hypocrite, à des modes de diſcourir, communes, baſſes & rauallées, priſes de la tauerne ou d'ailleurs que ie n'oſerois dire fans rougir de honte.

Saint Bafile dit qu'vn Religieux fe doit abfte-
nir de tout difcours facetieux, & de toute forte
de bouffonnerie ; parce qu'il s'efcarte en ce fai-
fant du droit chemin de la raifon, & parce qu'il
fe porte à faire des actions tres indignes de fa
charge ; Ie croy qu'en cela ie n'entend pas
moins parler aux Preftres quaux Moines. Si noftre hypocrite ne connoift pas que ces paroles
s'adreffent à luy, on luy peut bien dire, *multe ni-
hil fentis.*

Et quoy qu'il ne veüille pas qu'on l'appelle
Pedant, fi eft-ce toutefois que fon ftyle nē fent
rien tant que cela, apres l'hypocrifie & la medifance. Ces mots de hale, ces termes ambigus,
ces applications fans choix & fans egard, ces iro-
nies outrageufes, ces catachefes extrauagantes,
& ces farcafmes hors de propos, ne font-ce pas
des pedanteries, qui n'en eurent iamais de pa-
reilles.

La fubtilité de fon efprit eft encore vne chofe
bien confiderable. Voyez de quelle grace il fou-
ftient l'autheur de la Lettre d'Auis, & le droit du
peuple, contre le Prince. Il fait en cela comme
faifoit Pierre Abælard, lors qu'il entreprit d'in-
terpreter la loy. Il difoit, *Quod ex qualibet quantum-
cumque difficili littera fanum intellectum,* qu'il tireroit
vne faine intelligence de quelque paffage, pour
efpineux & pour difficile qu'il fut: mais il eut,

Quinque pedum, pour le recompenser de son entreprise : car il n'en put iamais venir à bout, & certes il fut contraint comme dit fort bien Accurse de dire, *Nescio*, vne fois en sa vie.

Nostre nouueau Politique en pourra bien faire de mesme, touchant les matieres dont il se mesle, ny connoissant chose quelconque : quoy que pourtant il se veüille ietter à trauers l'obscurité imaginaire de ses faux songes, pour triompher des ambiguitez de son esprit. Comme vn autre Aratus, de qui la vaillance, n'estoit iamais en son lustre que sous les tenebres, & la confusion de la nuit.

Phillon Iuif au traitté qu'il à fait contre Flaccus, rapporte qu'il y auoit en Alexandrie vn certain Greffier, qui pour ses faussetez, fut appellé l'homme à la plume meurtriere par le peuple ; d'autant qu'il diminuoit ou adioustoit aux Arrests des iuges, pour satisfaire à sa passion déreglée. Que si la faußeté est si dangereuse en matiere de Politique, où il ny va qué des biens de la fortune, elle est beaucoup plus dangereuse & plus criminelle en matiere de Religion ; puis quelle ruine la verité de nostre croyance, d'où depend le salut éternel de nostre ame.

Comment doit-on appeller les autheur de ces abominables faußetés, puis qu'ils perdent les esprits pour iamais auec vn coup de plume.

Tertulien dit fort bien que, *tantum veritati ob-*

strepit adulter sensus, quantum & corruptor stilus: qu'autant nuit à la verité le sens adultere, par vne peruerse interpretation; que la plume faussaire par vne meschante corruption des Saintes Escritures, ainsi que fait la vostre.

Enfin si vous voulez deffendre vos faussetez, il vous faut establir vn principe tres-faux, & dire qu'il est licite d'auancer & d'establir la verité, par le mensonge, auec lequel elle n'a ny societé, ny intelligence quelconque.

Mal-heur à ceux qui mettent le desordre entre le Prince & le peuple, & qui ne marchent pas de bonne foy en la publication de l'Euangile.

Mais taschons de raporter icy quelques exemples de ce que nous venons de dire pour le conuaincre. Parlons premierement de ces contes facetieux, & de son stile bouffonnesque.

Nous auons vn plaisent Consul, disoit-on de Ciceron, c'estoit vn homme qui aimoit à dire le mot, lors qu'il fut esleu à cette charge par les suffrages des Romains: mais nous pouuons bien dire & à plus forte raison, que nous auons vn plaisant Docteur à la fausse barbe, en la personne de nostre hypocrite: car outre le nombre infiny de ses pedenteries, il est tellement nay à la bouffonnerie, qu'il ne se trouuera pas vn homme quel qu'il soit, qui ne luy doiue ceder vne qualité qu'il possede naturellement par excel-

lence

Ience. Enfin il compofe fes libelles de tant de phrafes facecieufes, que qui les voudroit rapor-ter toutes icy en general, ne feroit pas vn petit remede à faire efpanoüir la rate aux melancho-liques. Il me fuffira d'en cotter quelques-vns, pour faire prendre enuie à ceux qui les liront de voir les autres. Le premier endroit qui s'offre à ma memoire, eft en fon Donjon, page 8. ligne 10. où il dit, i'en fais iuges meffieurs les Caua-liers de Neptune & le grand Confeil d'Atlas vos voifins, fans en recufer aucun. Pour moy en cela comme en tout le refte, ie croyois lire les ouura-ges ambigus du Prince des fous, ou de l'Empe-reur extrauagant des enigmes & de coc-à-l'afne, La croyance qu'il a d'eftre vn des premiers ora-cles du Paganifme, l'oblige fans doute à nous parler de la forte. I'efpere qu'à fon autre repartie s'il continuë, il acheuera de purger toute la vil-le de Paris, de la trifteffe où ces derniers trou-bles l'ont laiffée. Hypocryte mon amy, faites prouifion d'vn plus beau raifonnement, & d'vne expreffion plus intelligible, ou pluftoft mourir que d'efcrire d'auantage.

Le fecond difcours qui me vient en la penfée, eft en fon Retorquement du Foudre de Iupiter, pag 5. l. 12. par aprés (dit il) foulagé d'vn grain, continuë fon chemin de 14. pas, n'oubliant fes bouteilles, defquelles il tire vne excellente hu-meur, ie me trompe, cét honneur, acheuant de

perdre le fien : par le mariage du feminin aue
le mafculin, dont en paffant, il ne peut blafme
l'Imprimeur ; car ie ne trauaille que fur fon ma
nufcrit, où il y en a bien d'autres. Ne font ce pa
là des difcours d'vn Preftre de Iefus & Marie,
n'eft ce pas la encore vne façon de parler, à nou
faire rire de bonne grace : Mais qui font ceu
qui voudroient pleurer ; puis qu'il fe met en pei
ne d'en deffrayer toute la compagnie. De mo
fi i'eftois grand Seigneur, ie ferois bien aife d'a
uoir vn homme fait comme luy pour me diuer
tir à mes heures perduës. Iamais Brufcambil
ny Tabarin ny firent œuure. Vne perfonne d
fon naturel, eft capable de faire viure les autre
trente ans au dela du iour qui leur a efté prefcrit
s'ils prennent le foin de fe diuertir en fes ouura
ges.

Le troifiéme conte facetieux de noftre Hypo
crite à la fauffe barbe, en ce mefme Retorque
ment du foudre de Iupinet, page 6. ligne 10
Hour, dit-il, donc Monfieur, car tu te trompe,
me prenant graces à Iefus & à Marie pour vn au
tre, puis que la marote te conuient fi bien, par
le iufte aqueft que tu en as fait ; ce feroit iniufti
ce de la pretendre. Pource qui eft du Sceptre,
tu en diras ce que tu voudras, il eft de telle puif
fance, quelle s'eftend fur tous les humains, &
au dela, pour humilier les rebelles à Dieu, &
confondre lefdits ennemis de fes veritez éter-

nelles comme toy. Et Dieu soufrira parler le plus
ignorant de tous les Prestres de la sorte : Ouy
car il pardonne plus librement aux pauures d'esprit, qu'au plus sçauans de la terre. Non faira,
car vn Prestre doit quiter l'vsage de la Prestrise,
ou il doit sçauoir que qui se met plus haut que
Dieu, Dieu le met plus bas que tous les Diables.
De penser qu'il entende parler au dessus des An-
ges, cela n'est pas croyable. L'homme est pe-
cheur, & l'Ange ne l'est pas ; l'homme est im-
monde & enfant d'ire de sa nature, & l'Ange ne
l'est pas ; & l'homme est fait moindre que l'Ange, & l'Ange n'a iamais esté fait moindre que
l'homme. Lucifer n'en dit pas dauantage, lors
qu'il fut precipité de sa beatitude, aux flames
éternelles. Si cette folie n'estoit pas si outrageu-
se à Dieu, i'en rirois comme des autres : mais cela passe la raillerie, voyons le reste.

Le quatriesme style bouffonesque que i'ay
remarqué de nostre plaisant Docteur, est en la
mesme page, ligne 2 6. où il dit : car la Samothrace n'ayant à se plaindre, me fait bien esperer de
l'Asetriquar, vrayement il n'en falloit d'auantage, Monsieur le Docteur, pour t'acquerir le
bonnet, i'entends d'Acteon. Que pourroit-on
dire apres cela, vn homme qui ne cherchoit qu'à
faire rire les autres. Quand il passeroit les iours
& les nuits, à s'estudier à mieux faire, en des matieres facetieuses & boufonesques, y reüssiroit

il plus heureusement qu'il fait au gré de toutes sortes de personnes.

Le cinquiesme endroit que ie remarque, est en la page 20. ligne 8. les viandes grand glouton, qui sont d'elles mesmes dures, n'attendent de l'estre lors qu'on les mange, & la Cacochimie s'entend aussi bien de l'indisposition de l'esto-mach, que de la mauuaise coction, voire plu-tost que ton inepte viscere, par comparaison, l'esprit qui par le defaut de ses organes ne fait bien son operation, se prend de la sorte : & la chose difficile à conceuoir, est dite dure : tes-moin la sotte response des incredules au sujet de nostre tres auguste mystere. En suitte, il te vau-droit aussi bien entendre la Cacochimie & la Bonochimie, que celuy que tu mesprise ; dau-tant que tu n'aurois pas la peine de tant tirer le Diable par la queuë, ne dit on pas gros butor, le fondement d'vne opinion & le reste.

Voila des paroles bien magnifiques & bien thrasonnienes, enflée d'vn stile bien boufon, & d'vne vaine Pedanterie. N'est-ce pas en des ter-mes bien choisis se faire voir tres ignorant en toutes choses ? Si Didymus & Apion son Disci-ple, remplirent quatre mil volumes de leurs Pe-denteries, au rapport de Seneque ; que ne fera pas nostre nouueau boufon, s'il continuë à faire de mesmes qu'il a fait en ses trois libelles. Les Romains estimoient qu'ils seroient exempts de

peste

pefte toute l'année, quand la Comédie de l'Am-
phytrion, faite par Plaute, auoit bien efté repre-
fentée : & moy ie tiens que les Parifiens feront
exempts dix ans durant de la melancholie, fi noftre homme à la fauſſe barbe trauaille touſiours
de la forte. Ie m'eftonne qu'on ne luy donne la
chaire des Petites-Maifons, pour y prefcher l'année qui vient, & les Aduens & le Carefme, veu
qu'il a fait vne fi excellente preuue de fa fuffifan-
ce.

Le quatriefme conte facetieux & d'vn ſtyle
boufonnefque, eft en la 8. page de fon Retorquement du foudre de Iupinet, ligne 9. où il dit,
Ie ne m'eftonne de ce que tu ne fais cas des poin-
tes d'efprit, en apprehendant les touches : &
groffierement penfe des arts, les eftimant aigus
comme des boules : combien qu'ils refident
dans toutes les trois facultez de l'ame, d'autant
qu'elles te manquent : mais les cheueux m'herif-
fonnent lors que ie fais & le refte. Et vn peu plus
bas ligne 21. où il dit, encore defquels ton re-
pertoire eft fabrique : ne tefmoignant en tes difcours & façons de faire, qu'iniuftices, impietez,
& vilainies : ne confiderant que le verbe que tu
cherche, n'eft autre chofe que la verue qui re-
git ton mal-heureux cerueau, pauure eftourdy.
Ie vous prie, meffieurs, qui prendrez la peine de lire fes predencemes, fi vous auez quelque
commerce auec les bonnes lettres, de mettre

vos lunettes à grand reſſort, pour voir ſi vous
pourrez trouuer mieux que moy la contexture,
& la ſuitte de tant de ſections ſi brouillées que
les ſiennes. Albuquerque Viceroy des Indes
pour le Roy de Portugal, ſe voyant tout prest à
faire naufrage, chargea ſur ſes eſpaules vn ieu-
ne garçon, afin d'euiter par le moyen de ce pauure innocent, les traits de la iuſtice Diuine, qui
pendoient deſſus ſa teſte, pour le punir de ſes
crimes. Et noſtre hypocrite à la fauſſe barbe,
charge en apparence ſur luy la cauſe de Dieu,
pour pouuoir impunement outrager toute ſorte
de perſonnes, auec plus de facilité, ſans qu'on
oſe à ce qu'il s'imagine, s'attaquer à luy, comme
ſi la cauſe de la verité & la ſienne eſtoient inſepa-
rables : mais nous fairons bien voir s'il plaiſt à
Dieu ſur la fin de ce diſcours, que nous ſçauons
vn peu mieux que luy, diſtinguer la cauſe de
Dieu, d'auec la cauſe d'vn zelé hypocrite. Dieu
commande bien de reprendre le vice, en la perſonne : mais il n'entend pas auſſi qu'on calomnie l'innocent, & qu'on le charge de crimes : en
fin toute cette page & toute la page ſuiuante, ne
ſont noircies que de ſes crimes & de ſes pedenteries.

Bref pour n'eſtre pas trop long ſur vne matiere ſi ennuyeuſe, voyez en la page 16. ligne premiere & toute ce qui ſuit, ſi vous y trouuerez rien
que des contes facetieux & des pedenteries, ou

trageuſes, en la page 18. ligne 6. & ligne 21. vous
y trouuerez encore la meſme choſe : prenez la
peine de lire auſſi la ligne 17. & ce qui ſuit de la
19 ſi vous auez bien enuie de rire, tournez le
feüillet & liſez en la page 22. ligne 16. & toute ſa
ſuitte, ces deux, pris és 7. & 14. chambres, des
20. & 22. carrieres dudit parterre, & vous y ver-
rez dequoy à vous épanoüir la rate, en la page 21
ligne 6. & en la page 23. ligne 14. tout de meſmes.

Ie pourrois rapporter icy vne Illiade de ſem-
blables facities, dont les trois libelles de noſtre
barbe d'hypocrite ſont pleines: mais au lieu d'vn
petit volant nous ferions vn tres gros volume,
ſi nous voulions faire vn exacte recueil de toutes ſes ineptes boufonneries. Ie m'aſſeure que
qui voudra prendre la peine de les ramaſſer toutes en vn corps, en pourra faire vn ouurage auſſi
diuertiſſent que les ſoirées de du Bouchet, ou
que le Decameron de Boccace, C'eſt vn broüil-
lart de dictions groteſques, auſſi plaiſant que le
burleſque du ſiecle.

Philippus le bouffon ſe vantoit de ſçauoir faire rire le monde : mais s'il reſſuſcitoit, ce ne ſeroit qu'vn ſot en ce plaiſant meſtier au prix de
noſtre donneur de Camuſade : mais paſſons de
ſes facities à ſes mediſances.

Le Prince des ſages fait vn aſſez beau diſcours
contre les mediſans, dans le 26. chapitre de ſes

Prouerbes : mais de grace, que peut-on trouuer dans le monde de plus pernicieux que la medisance ; puisque c'est la vraye peste des conuersations, & la mort éternelle de l'ame. O que n'ay-je vn des charbons du Saint Autel, pour toucher les levres des hommes, afin que leur iniquité fust ostée, & leur peché netoyé, à l'imitation du Seraphin, qui purifia la bouche d'Esaye ? dit le bien-heureux Saint François de Sales, Euesque de Geneue. Si personne ne peut entrer dans le Ciel, que premierement il n'ait restitué tout ce qu'il a prix d'autruy, selon les decrets de Dieu, comment pourra faire nostre nouueau diffamateur ; puis qu'il a publiquement mesdit du Roy, de la Reyne, des Ministres, du Parlement, des Euesques, & de ceux qui prennent le soin de le remettre dans la bonne voye. Mais venons à l'exemple.

Dans sa Replique au suffisant & Captieux Censeur page 5. ligne 20. Il dit, si en faux François, n'eussiez esté preocupé, comme vn coquin de Gazetier : qui loüe à se faire lapider, traitant Mazarin d'Eminence. Voila vn trait de medisant bien extraordinaire ; car d'vn seul coup il blesse l'honneur de trois personnes ; dont le moindre est plus homme de bien qu'il ne sera iamais de sa vie.

Dans son Donjon du Droit naturel Diuin, page 5. ligne 7. il dit encore : vostre priere est tres-

bonne

bonne : mais ie l'aperçoy hypocrite, tout ainſi que celle de Beze, lors qu'il commença à ſemer ſon hereſie ; prenant pour theme le Pſalme, *Beatus vir*, &c. les œuures de l'vn & de l'autre le faiſant ainſi iuger : celuy-cy par ſadite hereſie, & vous par vos flatteries & deſguiſemiens de la verité, autant ou plus pernicieux, & mainte-nant le plus abominable gouuernement qui fut de long-temps, & qui puiſſe approcher de plus pres celuy de l'Ante-Chriſt.

Voyez de grace, ſi ce n'eſt pas s'en prendre touſiours à des perſonnes ſacrées ; Quoy que que Dauid eut pardonné à Simei, l'iniure qu'il en auoit reçeuë, bien que le mal qu'il en auoit dit fut veritable, il ne laiſſa pas de commander à Salomon eſtant à l'agonie, de le faire mettre à mort, tant ce crime eſt odieux aux Princes.

En ſon Retorquement du foudre de Iupinet, page 5. ligne 10. il dit, & à quelque peu de là, voulant contrefaire le ſage yurongne, ne ſe peut tenir, qu'il ne vomiſſe vne partie des ordures dont il a regorgé ; par apres ſoulagé d'vn grain continuë ſon chemin de 4. pas, n'oubliant ſes bouteilles, deſquelles il tire vne excellente hu-meur, ie me trompe, cét honneur acheuant de perdre le ſien, par le mariage du feminin auec le maſculin.

Se peut-il inuenter vne mediſance plus infa-me, & qui ne retourne pas mal à ſon honneur

& à sa gloire. Bon Dieu, les termes dont on se
sert au plus abominable de tous les bordels, sont
maintenant en la bouche d'vn Prestre : & si il ne
se contente pas de cela, il les fait imprimer, afin
que tout le monde le sçache. Iamais la Dame
Macette de Reigner ny fit œuure. Si vous auez
vn flux de caquet incurable, au moins faites
comme le valet de Mydas, allez le dire tout bas
en quelque recoing, où personne ne vous puisse
pas entendre. Tout cela n'est guerre mieux dit
que ce qui est en la page 6. ligne 7. & tout le reste de ladite page.

Dans son mesme Retorquement page 12. lig.
17. il dit qu'à l'imitation de Sainct Ambroise, il
faudroit siffler les Princes temporels & spiri-
tuels, leur fermer les portes de l'Eglise, ou les
en chasser s'ils y sont, parce que tout est remply
de sacrileges, d'athées, d'impietés, de concus-
sions & de lubricitez : dout les Euesques respon-
dront deuant Dieu, manque de seuere discipli-
ne sur ces fastueux Colosses, & le reste qui n'est
pas moins abominable.

Il se trouue quantité de personnes à qui l'on a
coupé la langue, & puis on les a fait ietter dans
vn bucher ardent, qui n'en auoient pas dit la
dixiesme partie. Ce n'est pas vn crime de moindre importance, que celuy d'attenter à leur personne. Il me semble voir vn homme, que le
mauuais esprit pousse à sa perte, quand il dit,

qu'il en faudroit chaffer toute cefte canaille à
coups de foüets & de baftons, fans en excepter
ny Curé, ny Preftre, ny Moyne. Il me femble
que quand ce ne feroit qu'en faueur de la Religion, vous deuriez parler auec plus de réfpect
des Ecclefiaftiques, puis que vous auez l'honneur d'en eftre. Ha ! Hypocrite tres folemnel
faites prouifion de corde, ou d'vn peu plus de fa-
geffe : car il n'y a point de calomnie plus criminelle, que celle qui s'attache en la perfonne des
Roys & des Princes de l'Eglife. Si l'Archeuefque
de Paris faifoit bien fon deuoir, il vous deffen-
droit l'vfage de la Preftrife. Mais voyons fa prodigieufe vanité, apres auoir veu fa medifance.
En la 6. page ligne 21. de fa Replique au fuffi-
fant & captieux Cenfeur, il dit, Cette viande eft
vn peu dure, Monfieur, ie le confeffe ; & dans la
3. de fon Donjon, il dit encore, ie vous auois
bien aduerty, que le mets par moy propofé,
eftoit de dure digeftion, à des efprits Cacochif-
mes comme le voftre. En la page 6. ligne 27. il
dit, car reconnoiffant que l'Hiftoire de Roboam
par moy premierement que vous citée & cotée:
& en la 12. & derniere de ce mefme libelle, il dit,
cependant l'Atroce Mars, tres fot Marot & Mar-
mot, confiderera qu'il n'a de fceptre, & fçaura
que ie ne donnerois le mien pour toute la nature
crée: N'eft-ce pas vne prodigieufe vanité, de
voir qu'vn petit grimaut comme luy, parle de la

forte? vous n'auez qu'a voir encore en la 3. page
de son Retorquement de lupinet, pour bien iuger de sa suffisance: comme aussi en la page 4. l.
5. ligne 10. & ligne 20. & vn peu plus bas il dit, ie
ne redouteray ny Ciel ny terre. Il faut aduoüer
que voila vn homme de grand courage, pour ne
redouter chose quelconque, plus en la page. 6.
ligne 14. il dit, pource qui est du sceptre, tu en
diras ce que tu voudras: il est de telle puissance,
qu'elle s'estend sur tous les humains & au dela:
il faut donc que ce soit sur les idées de Platon, ou
sur les mondes d'Epicure; & en la page 32. ligne
17. Dieu par sa grace m'a mis en main le digne
plat, & le reste. Ne sont ce pas là de ces vanitez
qui ont prouoqué l'ire de Dieu sur toute cette
Monarchie, de mesmes que celles des Israëlites
sur les peuples? Certes tant plus ie considere la
vanité de nostre insupportable hypocrite à la
fausse barbe, & plus ie la trouue ridicule, elle ne
s'attache pas moins à Dieu qu'aux hommes, puis
quelle luy persuade que son pouuoir s'estend au
dela de toute la nature humaine. L'Empereur
des petites Maisons n'en diroit pas dauantage;
ie croy qu'il pretend se faire adorer en parlant
de la sorte. Celuy qui publie sa vanité luy mesme, qui preste l'oreille à tous les eloges qu'il s'en
promet, qui ne se met au hazard d'essuyer tous
les reuers qui luy en peuuent arriuer, qui consa-
cre sa vie & son honneur pour cela, qui s'expose
à la

à la deffence d'vne mauuaiſe cauſe, qui fait voir
en la mettant au iour, l'eſtime qu'il en fait, qui
pretend auant de mourir de ſe voir enuironné
d'vne grande moiſſon de lauriers ; & qui s'aſſeure de ſurmonter genereuſement tous les obſta-
cles qui ſe voudroient oppoſer à la gloire qu'il
en eſpere, comme fait noſtre nouueau ſuffiſant
captieux à la fauſſe barbe. Paſſons à ſon hypocriſie.

Le Seigneur veut que l'hypocriſie des œuures
humaines, ſoit franchement & librement repri-
mendée, à ce que nous apprend le Prophete
Eſaye. Auſſi bien leur iugement n'eſt que confuſion & que deſeſpoir ſelon Iob, & toute leur
eſperance eſt vaine au ſens du meſme Prophete.
Ils murmurent de ce qu'ils ne ſont pas exaucez,
& iamais ils ne reconnoiſſent leurs fautes. En la
page 6. ligne 10. il dit encore, Hour donc Monſieur, car tu te trompe, me prenant graces à Ieſus & à Marie, pour vn autre ; & en continuant il
dit des iniures. C'eſt vne deuotion, Monſieur
l'hypocrite, pareille à celle de la Dame Italien-
ne, qui diſoit ſon Chapelet, pendant qu'elle
faiſoit autre choſe. En la meſme page ligne 19.
il dit : mais auant de marcher plus auant, deffaits
toy de ta mauuaiſe opinion : car par la grace de
Ieſus & de Marie, Ie ſuis certain que celuy que
tu preſche rebelle à Dieu, peſte de l'Eſtat, & ennemy de la Maieſté Royale, eſt meilleur Chre-

ſtien , & plus fidele à l'vn & à l'autre que toy. N
voila pas comme ie viens de dire, vn peu de bie
& vn peu de mal tout enſemble? en la page 8. li
gne 14. mais les cheueux m'heriſſonnent lor
que ie fais reflexion ſur ton impieté, meſpriſan
pour tes guides, Ieſus & Marie, le bon-heur de
homme & des ames: & vn peu plus bas dans l
meſme page, il dit, pour moy, ie ne ſuis hom
me d'iniures, & il n'a farcy ſes trois libelles d'au
tre choſe. En la page 14. ligne 2 3. il dit, c'eſt tou
mon deſir que d'adherer à l'Eſcriture Sainte
N'eſt-ce pas bien parler de la parole de Dieu
les Diables en diroient-ils d'auantage? l'Eſcritu
re ſainte eſt donc coulpable de tous les crime
que tu fais, puiſque tu ne fais qu'adherer à c
qu'elle te commande? elle t'ordonne donc d
peſter contre l'vn & de maudire contre l'autre
veu que tu ne fais autre choſe? Ha! hypocrite
mon ennemy change de diſcours, ou reſous to
de mourir dans vne reprobation éternelle. T
te fais tout de Dieu & de Marie, & tu menaſſ
de faire lapider le maiſtre de la Gazette De gra
ce les hommes de Dieu, parlent-ils de la ſorte
en la page 18. ligne 20. il dit auſſi, graces à Dieu
& à ſa ſainte mere, tu en as menty. N'eſt-ce pa
mettre Dieu & ſa ſainte mere en bel endroit
que de les mettre parmy les démentis, & parm
les blaſphemes?

Il y a encores quelques autres endroits, où i

ne fait que parler de Iesus & de Marie, auec vne
confusion de boufonneries, de medisances, &
de blasphemes, qu'il vaudroit mieux pour luy
qu'il ne les connust point du tout, ou qu'il en
parlast auec plus de reuerece. Malheureux hypocrite que tu es, tu abuses bien du charactere que
Dieu t'a donné pour satisfaire à ta rage & à ta fe-
lonnie. N'es tu pas de ces hypocrites qui se glori-
fioyent en Dieu, cependant qu'ils le nioyent de
fait? ou de ceux qui se sanctifioient par leurs œuures exterieures? C'est vn grand aueuglement de
ne pas croire en luy, ny en son Eglise: Mais certes c'est le comble de tous les aueuglemens que
d'estre nourry de l'Eglise, & dans l'Eglise, d'a-
uoir esté esclairé de son Euangile, & de donner
apres du pied à vne si digne mere; afin de se por-
ter à corps perdu dans l'infidelité, pour estre tellement au nombre des ames reprouuées. Vn hypocrite est capable de toute sorte de vices. C'est ce
qui fait qu'il ne feind pas ensuitte de se rendre
criminel de leze Maiesté en vn point tres-abo-
minable. Voyons les endroits où il en parle. En
la page 5. ligne 14. de son Donjon du droit na-
turelle Diuin, il dit que ie maintiens le plus abominable gouuernemét, qui fut de long temps, &
qui puisse approcher de plus prés ecluy de l'Ante-
Christ. Ne sót ce pas là de beaux discours pour vn
Prestre. Dans le mesme libelle, page 8. ligne premiere parlant des Roys, il dit encore, à cause des

excez que telles perſónes ont accouſtumé d'exer-
cer ſur les peuples : & plus bas ſection derniere,
il dit, & ie n'approuueray du tout Monſieur le
Politique, que les Preſtre & les Confeſſeurs puiſ-
ſent remettre les impietez, les irreligions, les ſa-
criles, les iniuſtices, les perfidies publiques, qui
vont au notable detriment de Dieu & de ſon peuple : ains luy ſeul, en ce cas veut guerre, à quel
prix que ce ſoit, en attendant la vangeance de la
main de ceux, qu'à cette fin il a eſtablis, & à leur
deffaut de celle des peuples. Et puis il rapporte des
exemples, que quoy que tirez de l'Eſcriture Sainte, luy font ſon procez, à cauſe de l'abominable
aplication qu'il en fait, comme on peut fort bien
voir ſur l'endroit où il les a platez pour ſa perte.
Puis encore en la page 9. ligne 22. vn ſens qu'il
peruertit, d'vn paſſage de ſainct Paul, le condem-
ne à la meſme peine: veu qu'il dit point de meſchant, point de Roy, car il ſeroit inutille. En la
page 10. ligne 22. il n'en dit guere moins de choſe. En la page 11. ligne 5. il dit, vous ſçauez ou
deuez ſçauoir, que toute l'Eſcriture Sainte enſeigne que ceux qui communiquent aux mauuais
deſſeins des autres ſont dignes de la meſme ani-
maduerſion qu'eux : & de maintenir flatter, ex-
toller, & adorer, les plus pernicieux, abominables, & impies qui ſoient ſur terre, comme celuy
que ſouſtenez en ce point. Et ie ne ſouſtiens que
le Roy, les Regens, & leurs bons ſeruiteurs, &

puis vn peu plus bas, il dit, qu'ils deuroient auec
leurs Dieux, estre reduits en cendres. Seigneur
souffrirez-vous encore lóg-téps, vn hóme cóme
cela parmy nous fans luy faire iustice? La nature
a telle iamais rien produit de semblable? Quoy la
terre ne fouurira pas pour engloutir vn monstre
si abominable? Miserable que tu és dessille vn
peu les yeux & tasche de te remettre dans la
bonne voye. Dans la page 6. section 2. Il dit encore mais auant de marcher plus loin deffais-toy de
ta mauuaise opinion: car par la grace de Iesus &
Marie, ie suis certain que celuy qui presche, rebelle à Dieu, peste de l'Estat, & ennemy de la Maiesté Royle, & le reste. Ne voila pas la chanson
du ricochet, tousiours la mesme chose, mais puis
que c'est mesme criminel, il faut que ce soit aussi
mesme crime. Ie croy qu'on en auroit plustost fait
vn autre, que d'auoir corrigé celuy-là, vn vieux
pescheur ne se sçauroit tirer du bourbier où il est,
fans vne grace toute particuliere. Il semble pourtant qu'il se veuille reconnoistre, en la page 11. ligne 8. lors qu'il dit, si les Ministres d'Estat, &
leurs fauteurs portent les liurees de Dieu? I'ay
tort: mais comme dit sainct Iean, si leurs œuures sont de Satan, & semblables à celles de son
principal suppost, l'Ante-Christ & le reste? Il est
icy comme incertain, s'il les doit condamner, ou
s'il les doit absoudre, & par tout ailleurs, il ne
marchande pas à les iuger comme des gens les

plus criminels de la terre. Cela fait bien voir
qu'il n'est pas bien certain de ce qu'il dit, & qu'il
est ignorant des choses qu'il anathematisé ailleurs, auec vne si grande chaleur de foye. Et en la
page 12. ligne premiere, ne dit-il pas que Samuel
appella Saül fol, pour ne l'auoir entendu; que
sainct Iean Baptiste fit vn affront tres-signalé au
Roy Herodes en pleine compagnie, & que saint
Estienne ne fit pas vn meilleur marché aux Souuerains Pontifs de son temps. Et plus bas encore
il dit que sainct Ambroise ferma les portes de l'E-
glise à Theodose, Empereur, & que les Marty-
res sifflotent les Iuges & les Monarques; ie, luy
respons que s'estoit du temps qu'on se mouchoit
sur la manche; mais pour le satisfaire plus
Chrestiennement quoy qu'il n'en vaille pas la
peine, ie luy diray qu'il me face voir que la vertu & sa saincteté luy ont acquise la mesme grace
& la mesme authorité que ces saints personnages
auoient, & que nostre Roy, nos Regens, & nos
Ministres d'Estat, sont dans la mesme reprobation que les autres, & puis on luy permettra de
faire comme Samuel, sainct Iean Baptiste, sainct
Estienne, & sainct Ambrose, ont fait contre des
personnes si criminelles. Ces grands Saincts con-
feroient auec Dieu, sçauoient sa volonté, & ils
receuoient ses ordres, Voila pourquoy ils agis-
soient de la sorte: Mais nostre abominable hypocrite ne conferre qu'auec son sang sa cher, &

ſon mauuais eſprit, comme on peut fort bien
remarquer par ſes ouurages.

Ie ſçay bien que Saint Paul veut, que les diffe-
rens des Chreſtiens ſoient appointez par les
ſaints, que ces Celeſtes courtiſans ont mépriſé
leur vie, pour la parolle des promeſſes, & que
le meſme diuin Apoſtre dit, qu'il pouuoit de la
part de Dieu vanger tous ſes outrages; mais c'e-
ſtoit contre les criminels, & non pas contre la
meſme innocence. Mal-heur à celuy par qui il
arriue ſcandale. Si ton œil te ſcandaliſe arrache-
le, dit Saint Matthieu en ſon chapitre cinquieſ-
me. Outre que l'authorité de reprendre & de
corriger le vice en la perſonne des vicieux, qui
eſt vne choſe ſainte, ne ſe donne pas aux chiens,
& moins encore aux impudens, aux foux & aux
impies. *Cura teipſum*, dit vn des grands maiſtre
du temps, contre ceux de l'Eſcole en Medecine,
& puis, mais que tu ſois au nombre des ſancti-
fiez en Dieu, tu pourras faire leur office: mais
iuſques là c'eſt vn crime tres abominable, à qui-
conque le voudra entreprendre. Et puis les
Saints, veu que ie ſuis en humeur de te faire encore vne petite leçon, ne reprennent iamais le
vicieux auec des paroles infames & outrageuſes.

Saint Paul dit qu'il n'y a rien qui corrompe
tant les bonnes mœurs, que les mauuaiſes paroles. C'eſt vn vice que Dieu hait extremement, &
dont il a fait autrefois des punitions eſtranges.

Chofe quelconque ne fut iamais ſi contraire à la
charité, & meſmes à la deuotion, qu'vne façon
de parler extremement mediſante, comme celle de noſtre hypocrite, & voyez à ſa confuſion
comme il continuë encore dans la meſme page.
pleuſt-il à Dieu, dit-il, pouuoir renuoyer ſaint
Ambroiſe dans le monde, tout y eſtant remply
de Sacrileges & d'Athées, ſans parler des blaſphemes, impietez, concuſſions, pilleries, iniu-
ſtces & lubricitez, dont les Eueſques reſpon-
dront deuant Dieu, manque de ſeuere diſcipli-
ne; premierement ſur ces faſtueux Coloſſes, &
le reſte, qui n'eſt pas de moindre abomination,
que ce que nous venons de dire, en ce, tout
eſtant remply, il ne s'en exempte pas luy meſme, commét en exempteroit il les autres. Apres
voyez comme il fulmine dans la page 13. parlant
des Egliſes, il dit qu'il y faudroit iouër du canon,
eſtablir des Suiſſes, pour en chaſſer à coups de
baſtons & de fouëts toute cette canaille. Notez
s'il vous plaiſt, que c'eſt en parlant des Roys, des
Princes, des Miniſtres d'Eſtat, & des Eueſques.
Et puis il dit encore, affin de n'oublier perſonne.
Le tout ſans exempter du foudre, ny Curé, ny
Preſtre, ny Moyne, faute d'y faire leur deuoir.
Voyez ſi ce n'eſt pas tonner d'importance, pour
vn ſimple Preſtre, auſſi ou plus grand pécheur
que les autres, comme il fait aſſez voir par ſes libelles? en la page 16. ligne 27. ne dit-il pas auſſi

que

que les peuples ont droit de depoſſeder les
Roys, lors qu'ils ne font pas bien leur charge,
encore faut il Monſieur le Docteur, que toutes
les actions des hommes, ſe faſſent auec iuſtice,
ſi vous n'eſtes pas meſchant iuſques à la rage, &
ſi cela eſt, où trouuerez vous des iuges pour cela;
puis qu'il n'y a dans le monde que ces deux ſor-
tes de gens, qui ſont les Princes & les peuples?
Vous ne ſçauriez eſtre iuge & partie, s'il me ſemble, ſans iniuſtice. Il dit encore dans la page 19.
ligne 6. que ma pretenduë paix, qui eſt verita-
blement de la demander à Dieu & au Prince,
par les voyes que la religion Chreſtienne nous
enſeigne, ainſi qu'on peut voir dans la pretenduë reſponſe que ie luy ay faite, n'eſt que male-
diction, & qu'il n'en faut point du tout, lors que
le fort de la guerre preſſe, N'eſt-ce pas vne abominable doctrine que la ſienne? Ne ſçait-il pas
le mal-heureux qu'il eſt, que la force du Prince
conſiſte l'vnion & concorde de ſes ſujets, & qu'il
n'y a rien qui le rende plus chery de ſes peuples,
& plus redoutable à ſes ennemys que la charité,
& la direction qu'il a pour ſes vaſſaux. Quel
eſtrange ſpectacle eſt-ce là, de voir vn nombre
infiny d'hommes armez, auec vne mine hideu-
ſe & épouuantable, s'élancer les vns ſur les autres, pour ſe deffaire, pour couurir toute la terre, des charognes de leurs corps morts, & pour
reindre tous les fleuues & toutes les campagnes,

du sang de leurs propres freres? principalement dans les guerres Ciuiles, où l'enfant combat bien souuent contre le pere, la femme contre le mary, & l'amy contre ce qu'il auoit autrefois le plus estimé dans le monde. N'est ce pas vne chose bien étrange de voir tout vn Royaume accablé de feux & de flames, de meurtres & de voleries, de violences & de sacrileges, & d'vn nombre infini de places & de villes toutes ruinées, & voir encore le pauure peuple refugié dans les bois, brouter l'herbe pour subsister comme les bestes brutes. Au contraire de la paix, qui donne vigueur à toutes choses? par son moyen la iustice & l'abondance sont par tout. Par son moyē Dieu est craint, reueré & seruy, dans tous les quatre coins de la Monarchie. Par son moyen l'amitié regne dans tous les cœurs, aussi bien que la charité dans toutes les ames. Par son moyen tout prospere dās la pieté dans les biens, & dans les sciences. Et c'est par son moyen que le droit des gens est en son repos, & que la vertu se fait voir parmy les hommes. Voyez Monsieur le reprouué, à quel peril eminent vous exposez l'Estat, lors que vous nous preschez que le fort de la guerre presse. Si vos preceptes auoient lieu, où en seroit toute la nature humaine? Apres cela oserez vous encore paroistre, & mettre la main a la plume, pour infecter toute la terre, d'vne doctrine si abominable que la vostre.

Prenez de grace vn peu de corde, pour empef-
cher la voix de vous rendre vn ſi mauuais office,
ſi vous n'auez pas le courage de bruſler voſtre
plume & de vous couper la langue.